JN024489

My Family

家族の写真

家族からメッセージをもらいましょう

撮影日時

撮影場所

この本は
人生のデザイン帳です

いつかは訪れる最期を、自分自身でプロデュースしたいというあなたの
ために生まれたのが、この『私のエンディングノート』です。

大切な家族や友人に「私」の思いを伝えるために、まず、今までの自分を
整理してみてはいかがでしょう。誕生から今日までのあなたのかけがえ
のない人生は、感動のストーリーに違いありません。
「ありがとう」の気持ちを伝えるために、メッセージも残しておきましょう。
そして、最期まで自分らしい人生を送るために、さまざまな手続きについ
ても記しておいてください。遺された人が困らないやさしさを、言葉にし
ておきましょう。

1年に一度書き直せば、このノートは人生の日記になるはずです。
さあ、ペンをとって、よりよい人生をデザインしてください。

1章　今までの私とこれからの私

2章　伝えておきたい財産

3章　万一のときの準備

4章　よりよいエンディングを迎えるために 知っておきたいこと

1章
今までの私とこれからの私

私の歩んできた道

年　　月　　日 記（　　歳）

氏　　名　
....

生年月日　
....

血液型　
....

出生地　
....

本　　籍　
....

名前の由来

■ 資格・免許

	年　　　月 取得
	年　　　月 取得
	年　　　月 取得
	年　　　月 取得
	年　　　月 取得
	年　　　月 取得

■ 学歴

幼稚園・保育園	年 月 入園
	年 月 卒園
小学校	年 月 入学
	年 月 卒業
中学校	年 月 入学
	年 月 卒業
高校	年 月 入学
	年 月 卒業
大学	年 月 入学
	年 月 卒業
専門学校	年 月 入学
	年 月 卒業
その他（大学院・留学など）	年 月 入学
	年 月 卒業

■ 職歴

年 月	
年 月	
年 月	
年 月	

■ 進路について、今思うこと

今までの私を振り返って

■ 誕生の頃

● 生まれた場所

● 身長・体重

● 両親の氏名　父：　　　　　　　　　　　　　　　母：

● 思い出に残るエピソード

■ 幼少・小学校時代

● 好きだった遊び

● 好きだった科目

● 得意だったこと

● 思い出に残るエピソード

■ 中学校時代

● 好きだった科目

● 得意だったこと

● クラブ・部活動の思い出

● 思い出に残るエピソード

■ 高校時代

● 好きだった科目

● 得意だったこと

● クラブ・部活動・友人との思い出

● 思い出に残るエピソード

■ 大学・専門学校時代

● めぐり合った人たち

● 熱中していたこと

● 目指していた職業

● 卒論のテーマ

● 思い出に残るエピソード

● 影響を受けた人

● 好きだった言葉・音楽・場所・店・遊びなど

■ 20代の頃 〜吾十有五にして学に志す〜

● 熱中したこと

● 思い出に残るエピソード

■ 30代の頃 〜三十にして立つ〜

● 熱中したこと

● 思い出に残るエピソード

■ 40代の頃 〜四十にして惑わず〜

● 熱中したこと

● 思い出に残るエピソード

■ 50代の頃 〜五十にして天命を知る〜

● 熱中したこと

● 思い出に残るエピソード

■ 今までで一番楽しかった思い出

■ 今までで一番苦しかったこと

■ 好きな言葉

■ 座右の銘

■ 人生で影響を受けた人

大切にしたい記念日

■ 父の誕生日　　　　　年　　　　月　　　　日（命日　　　　）

■ 母の誕生日　　　　　年　　　　月　　　　日（命日　　　　）

■ 結婚記念日　　　　　年　　　　月　　　　日

■ 子どもたちの誕生日

名前：　　　　　　　　　　　　　年　　　　月　　　　日

名前：　　　　　　　　　　　　　年　　　　月　　　　日

名前：　　　　　　　　　　　　　年　　　　月　　　　日

名前：　　　　　　　　　　　　　年　　　　月　　　　日

■その他の記念日（大切な出来事・ペットの誕生日や命日など）

出来事：　　　　　　　　　　　　年　　　　月　　　　日

出来事：　　　　　　　　　　　　年　　　　月　　　　日

出来事：　　　　　　　　　　　　年　　　　月　　　　日

出来事：　　　　　　　　　　　　年　　　　月　　　　日

出来事：　　　　　　　　　　　　年　　　　月　　　　日

今伝えておきたいこと

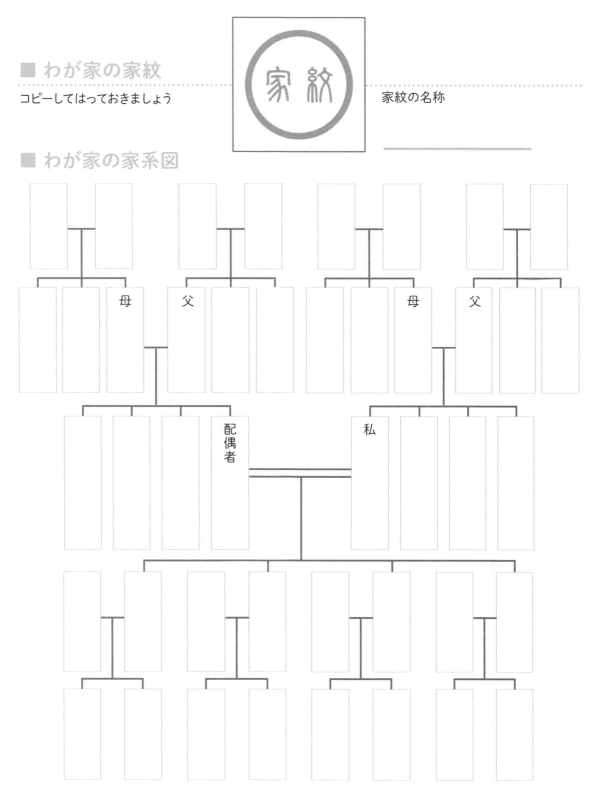

■ わが家の家紋

コピーしてはっておきましょう

家紋

家紋の名称

■ わが家の家系図

■ 父への思い

....
....
....
....
....
....
....
....
....

■ 母への思い

....
....
....
....
....
....
....
....
....

■ 配偶者への思い

....
....
....
....
....
....
....
....

■ 子どもたちへの思い

_____ へ

_____ へ

_____ へ

_____ へ

■ 義理の父への思い

■ 義理の母への思い

趣味とその仲間たち

● 会・グループの名称

写真をはって
氏名を書いておきましょう

● 活動内容

● 連絡先

● 会・グループの名称

● 活動内容

写真をはって
氏名を書いておきましょう

● 連絡先

● 会・グループの名称

● 活動内容

写真をはって
氏名を書いておきましょう

● 連絡先

■ 友人の連絡先

氏 名		TEL	
		FAX	
住 所			
メール アドレス		携帯 電話	
備 考			

氏 名		TEL	
		FAX	
住 所			
メール アドレス		携帯 電話	
備 考			

氏 名		TEL	
		FAX	
住 所			
メール アドレス		携帯 電話	
備 考			

氏 名		TEL	
		FAX	
住 所			
メール アドレス		携帯 電話	
備 考			

氏 名		TEL	
		FAX	
住 所			
メール アドレス		携帯 電話	
備 考			

氏 名		TEL	
		FAX	
住 所			
メール アドレス		携帯 電話	
備 考			

氏 名		TEL	
		FAX	
住 所			
メール アドレス		携帯 電話	
備 考			

氏 名		TEL	
		FAX	
住 所			
メール アドレス		携帯 電話	
備 考			

氏 名		TEL	
		FAX	
住 所			
メール アドレス		携帯 電話	
備 考			

氏 名		TEL	
		FAX	
住 所			
メール アドレス		携帯 電話	
備 考			

病気になったときの覚書

健康保険証の種類・記号・番号	介護保険証の番号

血液型	アレルギー

■ かかりつけの病院・医師

病　院　名	科　目	担当医師名
TEL　　　（　　　　　）	備考	

病　院　名	科　目	担当医師名
TEL　　　（　　　　　）	備考	

病　院　名	科　目	担当医師名
TEL　　　（　　　　　）	備考	

病　院　名	科　目	担当医師名
TEL　　　（　　　　　）	備考	

病　院　名	科　目	担当医師名
TEL　　　（　　　　　）	備考	

■ 既往症

病 名	発症年月	治癒年月	病院名	担当医師名

■ 持病

病 名	発症年月	病院名	担当医師名	備考

介護が必要になったら

■ 介護を頼みたい人

- □ 配偶者にしてほしい
- □ 子どもたちにしてほしい
- □ 家族全員で分担してほしい
- □ プロのヘルパーに依頼してほしい
- □ 家族の判断に任せる
- □ その他

■ 介護をしてもらいたい場所

- □ 自宅で
- □ 子どもの家で
- □ 施設で
- □ その他

■ 介護が必要になったときの希望

公的介護保険の利用方法と手続き

公的介護保険は市区町村が運営主体となり、介護を社会全体で支えるための社会保険制度です。

40歳以上の国民が被保険者となって財源の半分を負担し、残り半分は税金でまかなわれています。介護保険の対象となるのは、65歳以上の「第1号被保険者」と40歳以上65歳未満の「第2号被保険者」です。第1号被保険者は要介護・要支援状態になるとサービスを利用できますが、第2号被保険者は末期がんや筋萎縮性側索硬化症などの特定疾病によって要介護・要支援の状態となっていることが要件となっています。

サービス利用までの流れ

① **要介護認定の相談・申請**

● 本人または家族が市区町村の介護保険担当窓口、地域包括支援センター、居宅介護支援事業所などに相談できます。申請は、介護保険被保険者証を添えて市区町村の介護保険担当窓口で行います。

② **認定調査・主治医意見書**

● 市区町村の認定調査員が自宅や施設などを訪問して、心身の状態を確認するための認定調査を行います。主治医意見書は市区町村が主治医に依頼をします。主治医がいない場合は、市区町村の指定医の診察が必要です。

③ **審査判定**

● 調査結果に基づき、コンピュータによって要介護度の判定が行われます。(一次判定)
● 一次判定の結果と主治医意見書に基づき、介護認定審査会によって要介護度の判定が行われます。(二次判定)

④ **認定**

● 市区町村は、判定結果に基づき要介護認定を行い、申請者に結果を通知します。
● 要介護1〜5、要支援1・2の7つの区分のいずれかに認定されれば、サービスが利用できます。

⑤ **サービス計画書 (ケアプラン)の作成**

● サービスを利用する場合は、サービス計画書(ケアプラン)の作成が必要となります。「要支援1・2」の介護予防サービス計画は地域包括支援センターに依頼し、「要介護1〜5」の居宅サービス計画は居宅介護支援事業所へ依頼します。

⑥ **介護サービス利用の開始**

■ 介護費用は

□ 貯蓄・年金保険でまかなってほしい
□ 子どもからの援助と貯蓄などでまかなってほしい
□ 家族に任せる

介護費用として準備している資金について（生命保険で準備している場合は40ページ）

■ 認知症になったときの財産管理は

□ 配偶者に任せる
□ 子どもに任せる

氏 名

□ 後見人を決めている

氏 名

住 所

TEL

メールアドレス

■ 介護保険・認知症保険の加入の有無

介護保険　　　　　加入している（40ページ）・加入していない
認知症保険　　　　加入している（40ページ）・加入していない

「日常生活自立支援事業」では金銭管理の支援も

　認知症の高齢者など判断能力が不十分な人は、社会福祉協議会が行っている「日常生活自立支援事業」を利用することができます。例えば、預金の払い戻し、預金の解約など日常生活費の管理、福祉サービスの利用の手続き、役所などへ提出する書類の書き方で困ったときなどに支援を受けることができます。利用する際には、事前に社会福祉協議会と契約する必要があります。

認知症のはじまり

❓ 認知症とはどのような病気？

　認知症は、脳の病気や障害などによって認知機能が低下し、日常生活全般に支障が出てくる状態をいいます。

　認知症にはいくつかの種類があります。最も多いのがアルツハイマー型認知症で、認知症の約70%を占めています。次いで多いのが脳血管性認知症です。アルツハイマー型認知症は脳内にたまった異常なたんぱく質が破壊され、脳が委縮して起きるものです。脳血管性認知症は脳梗塞や脳出血などによって、脳の神経細胞に酸素や栄養が届かなくなって神経細胞が死んだり神経のネットワークが壊れたりすることで起きます。これらのほかに、レビー小体型認知症、前頭側頭型認知症という認知症もあります。

❓ 認知症のサイン・症状は？

　認知症の症状には、記憶障害や理解力が低下するなどの「中核症状」と、中核症状が元になって行動などに現れる「行動・心理症状」があります。

中核症状の例

□ もの忘れ（記憶障害）

- 数分前、数時間前の出来事をすぐ忘れる
- 同じことを何度も言う・聞く
- しまい忘れや置き忘れが増えて、いつも探し物をしている
- 約束を忘れる
- 昔から知っている物や人の名前が出てこない
- 同じものを何個も買ってくる

□ 理解力・判断力が低下する

- 手続きや貯金の出し入れができなくなる
- 状況や説明が理解できなくなる、テレビ番組の内容が理解できなくなる
- 運転などのミスが多くなる

□ 時間・場所がわからなくなる

- 日付や曜日がわからなくなる
- 慣れた道で迷うことがある
- 出来事の前後関係がわからなくなる

□ 仕事や家事・趣味、身の回りのことができなくなる

- 仕事や家事・趣味の段取りが悪くなる、時間がかかるようになる
- 調理の味付けを間違える、掃除や洗濯がきちんとできなくなる
- 身だしなみを構わなくなる、季節に合った服装を選ぶことができなくなる
- 食べこぼしが増える
- 洗面や入浴の仕方がわからなくなる
- 失禁が増える

行動・心理症状の例

- 不安、一人になると怖がったり寂しがったりする
- 憂うつでふさぎこむ、何をするのも億劫がる、趣味や好きなテレビ番組に興味を示さなくなる
- 怒りっぽくなる、イライラ、些細なことで腹を立てる
- 誰もいないのに、誰かがいると主張する（幻視）
- 自分のものを誰かに盗まれたと疑う（もの盗られ妄想）
- 目的を持って外出しても途中で忘れてしまい帰れなくなってしまう

参考：厚生労働省ホームページ「みんなのメンタルヘルス」

■生活を支えてくれる人たち

	氏名・会社名	連絡先
税理士		TEL メール アドレス
弁護士		TEL メール アドレス
不動産業者		TEL メール アドレス
信託契約を結んでいる場合の金融関係		TEL メール アドレス
		TEL メール アドレス
		TEL メール アドレス
		TEL メール アドレス
		TEL メール アドレス
ケアマネジャー		TEL メール アドレス
ヘルパー		TEL メール アドレス
自治体		TEL メール アドレス
民生委員		TEL メール アドレス
その他		TEL メール アドレス
		TEL メール アドレス

公的介護保険で受けられるサービス

☐ 介護の相談・ケアプラン作成　　　●居宅介護支援

☐ 自宅で利用するサービス

- ●訪問介護（ホームヘルプ）……訪問介護員（ホームヘルパー）による入浴、排せつ、掃除や洗濯などの家事
- ●訪問入浴介護……入浴の介護
- ●訪問看護……看護師などによる健康チェックなど
- ●訪問リハビリテーション……理学療法士、作業療法士などによるリハビリテーション
- ●夜間対応型訪問介護……夜間の定期巡回や随時の訪問など
- ●定期巡回・随時対応型訪問介護看護……訪問介護と訪問看護、定期巡回と随時の組み合わせ
- ●居宅療養管理指導……医師、歯科医師、薬剤師などによる療養上の管理や指導

☐ 訪問・通い・宿泊の組み合わせ

- ●小規模多機能型居宅介護……デイサービスを中心に訪問介護やショートステイを組み合わせた生活支援やリハビリテーションなど
- ●看護小規模多機能型居宅介護……小規模多機能型居宅介護と訪問看護の組み合わせ

☐ 自宅から通って利用するサービス

- ●通所介護（デイサービス）……老人デイサービスセンターでの生活機能訓練など
- ●地域密着型通所介護（小規模デイサービス）……小規模な老人デイサービスセンターでの生活機能訓練など
- ●認知症対応型通所介護……認知症の人に対するデイサービス
- ●通所リハビリテーション（デイケア）……介護老人保健施設などでのリハビリテーション

☐ 短期の宿泊

- ●短期入所生活介護（ショートステイ）……特別養護老人ホームなどへの短期入所
- ●短期入所療養介護（ショートステイ）……介護老人保健施設や病院などへの短期入所

☐ 施設に入所して受けるサービス

- ●介護老人福祉施設（特別養護老人ホーム）
- ●介護老人保健施設
- ●特定施設入居者生活介護
- ●認知症対応型共同生活介護
- ●地域密着型介護老人福祉施設入所者生活介護
- ●介護療養型医療施設
- ●地域密着型特定施設入居者生活介護
- ●介護医療院

☐ 生活の環境を整えるためのサービス

- ●福祉用具貸与……車いすやベッドなどの福祉用具の貸与
- ●住宅改修……手すりの取り付けや段差の解消などの小規模な改修費用が対象
- ●特定福祉用具販売……貸与になじまない福祉用具の販売

これからの生活に望むこと

■ これからしたいこと

実行したい時期	内　容	予　算

■老後の生活に対する私の心がまえ

● 家族に対して

● 自分自身の生活に対して

● 社会に対して

■ 老後生活を健全にする簡易キャッシュフロー（お金の流れ）表 （単位・万円）

			昨年実績	年	年
家族			歳		
			歳		
			歳		
			歳		
			歳		
収入	固定収入	民間保険の年金、家賃収入、給料など			
	一時収入				
	公的年金（世帯主）				
	公的年金（配偶者）				
	収入合計				
支出	基本生活費				
	住居費（住宅ローン）				
	保険料（生命保険・損害保険）				
	イベント費（旅行・リフォーム）				
	その他	被服費、教養娯楽費など			
	支出合計				
	収入－支出				
	貯蓄残高				

〈書き方の注意〉・一時収入とは、固定していない収入のことです（例：保険などの満期金）。
・基本生活費とは、食費、水道・光熱費、通信費、こづかいなどのほぼ固定している支出のことです。
・イベント費とは、旅行や住宅のリフォームなどのまとまった金額になる支出のことです。

	年	年	年	年	年

もしものときのための後見人について

■ 任意後見人に依頼　　□ している
　　　　　　　　　　　□ していない

■ 任意後見人と公証役場

〈任意後見人〉

氏 名　　　　　　　　　　　　　　　TEL

住 所　　　　　　　　　　　　　　　メールアドレス

〈公証役場〉

名 称　　　　　　　　　　　　　　　TEL

住 所　　　　　　　　　　　　　　　メールアドレス

■ 後見の内容

成年後見制度の利用方法

認知症や知的障害、精神障害などのために物事を判断する能力が十分ではない人の権利や財産を守る制度を成年後見制度といいます。これには任意後見制度と法定後見制度があります。

万一、認知症になってしまったら資産の管理や施設入所の契約などはどうするのか。そんな不安を払拭するために、判断力があるうちに考えたておきたいのが任意後見制度です。

もし判断能力がなくなってしまったときには、家族などが法定後見制度の利用を申し立てることができます。

成年後見制度とは

任意後見制度

判断能力があるうちに、将来に備えて自分で任意後見人を決めて「任意後見契約」を結んでおきます。判断能力がなくなったあとは、家庭裁判所が選任する任意後見監督人のもとで、任意後見人が契約で決めておいた財産管理などを行います。

法定後見制度

本人の判断能力が不十分になったあとに、家族など（配偶者・4親等内の親族・自治体の長）が家庭裁判所に申し立てを行うことで、支援を受ける人の判断能力の状態によって成年後見人・保佐人・補助人のいずれかを家庭裁判所が選任します。選人された人が財産管理などを行います。

? 任意後見人はどんなことができる?

- 振り込みや入金の確認などの預貯金の管理　● 不動産の処分や管理
- 遺産分割などの相続に関する事務　● 介護サービスなどを利用するための契約
- グループホームや特別養護老人ホームなどへの入所契約　● 入退院の手続き　など

任意後見制度の利用の手順

① **任意後見受任者を決める** …… 家族や友人、弁護士など。複数人でもかまいません。ただし、なれない人もいます。

② **任意後見人にしてもらうことを決める** …… ライフプランや管理の対象となる財産目録を作り、判断能力がなくなったときに任意後見人にしてもらいたいことを決めます。

③ **公正証書で任意後見契約を結ぶ** …… 任意後見受任者といっしょに公証役場で公正証書を作成します。

④ **判断能力が低下したら任意後見監督人選任の申し立てをする** …… 家庭裁判所に任意後見監督人選任の申し立てを行います。申し立てができるのは本人、配偶者、4親等内の親族、任意後見受任者です。

⑤ **家庭裁判所が審判** …… 関係者に問い合わせたり、必要に応じて本人の精神鑑定を依頼したりして審判します。

⑥ **支援のスタート** …… 契約内容に沿って支援が始まります。

万一、入院することになったときの持ち物

　持病があったり、手術の予定がある人は、事前に入院時に必要なものをバッグなどに準備しておきましょう。もし入院が決まったら、病院にも必要なものを問い合わせます。

　飲み物などを購入するための小銭や電子マネーも忘れないようにします。普段のんでいるサプリメントは持参して、医師に相談します。家族が気軽に面会できない場合もありますから、忘れ物がないよう準備しておきましょう。

入院準備のリスト

□ 診察券　　　　　　□ 寝巻（レンタルできる場合もある）　　□ 入れ歯ケースなど
□ 保険証　　　　　　□ 下着類（下着・靴下）　　　　　　　□ 箸・湯呑みなど
□ 印鑑　　　　　　　□ 室内履き　　　　　　　　　　　　　□ タオル・バスタオル
□ 服薬中の薬　　　　□ イヤホン　　　　　　　　　　　　　□ ティッシュペーパー
□ お薬手帳　　　　　□ 洗面用具（歯磨き剤・歯ブラシ）　　□ 筆記用具（メモ帳・ペン）
　　　　　　　　　　□ 入浴用具（石けん・シャンプー・リンス）□ 趣味のもの（本・雑誌など）
　　　　　　　　　　□ スキンケア用品

高齢になったら気をつけたいフレイル

　健康な状態と日常生活でサポートが必要な介護状態の中間をフレイルといいます。フレイルを放置していると要介護状態へ進んでしまいます。高齢者は多くの場合、フレイルを経て要介護状態に進むことがわかっています。

　フレイルには３つの側面があります。筋肉量や筋力が低下する身体的フレイル、軽度の認知症や抑うつの症状などとして現れる精神的フレイル、閉じこもりなど孤立してしまう社会的フレイルです。この３つはそれぞれが関連しており、１つが低下すると次々と悪循環を招くことになります。しかし、フレイルに気づいて早めに治療や予防に取り組めば、また健康な状態に戻ることもできます。それには日常的に運動習慣をつけて栄養バランスのよい食事をし、趣味やボランティアなどで人との関わりを保ち続けることなどが有効です。

フレイルの診断（2020年日本版CHS基準）

フレイルの基準として次の５つがあります。３項目以上該当するとフレイル、
１または２項目に該当するとフレイルの前段階と判断されます。

① 体重減少：６か月で２kg以上の体重減少
② 筋力低下：握力：男性＜28kg　女性＜18kg
③ 疲労感　：（ここ２週間）わけもなく疲れたような感じがする
④ 歩行速度：通常歩行速度＜1.0m／秒
⑤ 身体活動：①軽い運動・体操をしていますか？
　　　　　　　②定期的な運動・スポーツをしていますか？
　　　　　　　上記の２つのいずれも「週に１回もしていない」と回答

2章
伝えておきたい財産

私の蓄え

■ 預貯金一覧

金融機関	名義人 預貯金の種類 口座番号	Web用ID パスワード	残　高	通帳・ キャッシュ カードの 有無	印
 支店 TEL	 普通・当座	ID パスワード	（　年　　月現在）		
 支店 TEL	 普通・当座	ID パスワード	（　年　　月現在）		
 支店 TEL	 普通・当座	ID パスワード	（　年　　月現在）		
 支店 TEL	 普通・当座	ID パスワード	（　年　　月現在）		
 支店 TEL	 普通・当座	ID パスワード	（　年　　月現在）		
 支店 TEL	 普通・当座	ID パスワード	（　年　　月現在）		
 支店 TEL	 普通・当座	ID パスワード	（　年　　月現在）		
 支店 TEL	 普通・当座	ID パスワード	（　年　　月現在）		

通帳・印鑑の保管場所

■有価証券一覧
備考欄に株式、投資信託、国債などの種類や銘柄を記入しておきましょう。

金融機関	口座の名義 口座番号	Web用ID パスワード	残　高	備　考
  　　　　　　支店 TEL		ID パスワード 	 （　　年　　月現在）	
  　　　　　　支店 TEL		ID パスワード 	 （　　年　　月現在）	
  　　　　　　支店 TEL		ID パスワード 	 （　　年　　月現在）	
  　　　　　　支店 TEL		ID パスワード 	 （　　年　　月現在）	

■その他の金融資産
FXやゴルフ会員権、純金積立などの資産を記入しておきましょう。
備考欄にはIDやパスワードも記入しておくとよいでしょう。

種類・名称・内容	取扱会社	連絡先・備考	残　高

書類などの保管場所

貸金庫のカギ・カードの保存場所とパスワード

貸金庫の利用法～もし借主が亡くなったら～

　銀行の貸金庫を開けることができるのは、契約した借主本人だけです。そのため、貸金庫を利用している人が亡くなった場合には、相続人全員の戸籍謄本や印鑑証明書などを準備して銀行に届けて所定の手続きを経たのち、相続人全員の立ち合いのもと貸金庫を開けて庫内のものを受け取ることになります。ただし、生前に遺言書で貸金庫を開ける人を指定しておけば、相続人全員の同意がなくても開けることができます。

住まいについての覚書

■自宅

地番

住居表示

	土　地	建　物
名義人		
名義人		
名義人		
名義人		
面　積		
抵当権設定		
設定額		
完済日		

権利書などの保管場所

■自宅の火災保険・地震保険

保険の種類		
保険会社		
連絡先		
証券番号		
契約者名		
印		

保険証券などの保管場所

■その他の不動産

地番

住居表示

名義人	
名義人	
抵当権設定	
その他 （土地の面積・ 建物の構造など）	

地番

住居表示

名義人	
名義人	
抵当権設定	
その他 （土地の面積・ 建物の構造など）	

抵当権抹消の手続き

　住宅ローンを借りる際には、土地や建物に抵当権を設定します。この抵当権は住宅ローンの返済が終了すると自動的に抹消されるものではありません。自ら抵当権抹消登記をしない限り、抵当権は設定されたままです。そのままにしておくと、不動産を売却するときや新たに融資を受ける際に問題となることがあるので、住宅ローンの返済が終了したらただちに抵当権抹消手続きを行います。手続きは、司法書士に依頼するとよいでしょう。金融機関から渡された抵当権抹消登記に必要な書類と司法書士への委任状を提出すれば、司法書士が代行してくれます。

生命保険・損害保険の覚書

■生命保険一覧

生命保険商品名			
保険会社			
連絡先			
証券番号			
契約者			
被保険者			
受取人			
満期日			
保険料払込方法			
毎月払込金額（年額）			
払込終了年月			
死亡保険金			
特約の有無と種類			
印			

保険証券などの保管場所

■個人年金一覧

保険の種類		
保険会社		
連絡先		
証券番号		
契約者		
被保険者		
受取人		
払込終了年月		
年金開始日と年額		
印		

保険証券などの保管場所

■損害保険一覧（自宅の火災保険・地震保険を除く）

保険の種類		
保険会社		
連絡先		
証券番号		
契約者		
被保険者		
受取人		
印		

保険証券などの保管場所

公的年金の覚書

■私の年金

基礎年金番号	最寄りの年金事務所	TEL

※ 基礎年金番号は、国民年金や厚生年金保険などの公的年金制度において共通で使う番号です。これにより、公的年金の加入状況が記録されます。

■保険料支払い口座および受け取り口座

金融機関	支店	口座番号

■企業年金・国民年金基金など

基金名	連絡先	備考

書類の保管場所

42

年金を受給する際のポイント

① 公的年金は自分で請求しなければ受給できない

　老齢基礎年金や老齢厚生年金は、受給資格期間を満たした人が一定の年齢になると受給できるようになります。

　老齢基礎年金の受給権が得られると、受給開始年齢に達する3か月前に日本年金機構から、年金受給に必要な「年金請求書」が送られてきます。ここに記載されている加入期間などを確認したうえで、必要事項を記入して年金事務所に提出します。

② 年金受給の時期は変えられる

　老齢基礎年金は保険料納付済期間と保険料免除期間などを合算した受給資格期間が10年以上ある場合に65歳から受給できます。また、20歳から60歳までの全期間について保険料を納めた人は、65歳から満額の老齢基礎年金が受給できます。

　この受給開始年齢の時期は変えることができます。60歳から65歳になるまでの間に請求して受給することを繰上げ受給といいます。一方、66歳以降70歳（2022年4月からは75歳）までの間に請求して受給することを繰下げ受給といいます。

　繰上げ受給をするとその請求をした時点に応じて年金額は一定の率で減額され、繰下げ受給の場合はその請求をした時点に応じて年金額は一定の率で増額されます。デメリットや適応の条件もありますので、十分理解したうえで請求する時期を決めましょう。

　なお、老齢厚生年金にも繰上げ受給、繰下げ受給の制度があります。

③ 受給見込み額のチェックを

　過去の年金記録や将来の受給見込み額は、パソコンやスマートフォンで24時間いつでも日本年金機構のホームページ「ねんきんネット」で確認することができます。利用できるのは基礎年金番号を持っている人で、利用前に登録してユーザーIDを取得する必要があります。マイナポータルでも利用でき、この場合はIDの取得は不要です。

　また、毎年1回郵便で届く「ねんきん定期便」でも確認できます。

遺族年金は誰がどんなときに受給できる?

国民年金加入者（自営・自由業など）が亡くなった場合

　国民年金の被保険者である、または受給資格期間を満たしていた人が亡くなったとき、その人に生計を維持されていて子ども（※）がいる配偶者または子は、遺族基礎年金が受給できます。

厚生年金保険加入者（会社員・公務員など）が亡くなった場合

　厚生年金保険の被保険者である、または被保険者であった人が亡くなったとき、その人に生計を維持されていた遺族（妻、夫、子ども、父母、孫、祖父母）は遺族厚生年金が受給できます。妻以外は年齢条件があります。

　子ども（※）がいる配偶者または子は、遺族基礎年金も併せて受給できます。

　遺族厚生年金の受給は、最寄りの年金事務所や年金相談センターにある「年金請求書」に必要事項を記入し、年金手帳や戸籍謄本などを添えて申し込みます。

※子どもとは、18歳到達年度の年度末を経過していない者または20歳未満で障害年金の障害等級1・2級の障害者。

住宅ローン・ その他の負債の覚書

■住宅ローン　　　　　　　　　　（　　年　　月現在の残高　　　　　円）

借入先	連絡先	決済口座	完済日	備考

■その他のローン（教育・自動車など）　　（　　年　　月現在の残高　　　　円）

借入先	連絡先	決済口座	完済日	備考

クレジットカード・
電子マネーの覚書

■ クレジットカード

会社名	カード名・カード番号	Web用ID パスワード	有効期限	備考
 TEL		ID パスワード		
 TEL		ID パスワード		
 TEL		ID パスワード		
 TEL		ID パスワード		
 TEL		ID パスワード		

誰も知らない口座に注意

　金融機関は、口座名義人が亡くなったことがわかると、相続の手続きが終わるまではいったんその口座からの入出金や引き落としなどができないよう口座を凍結します。しばしば、亡くなるとすぐに役所から金融機関に連絡があって凍結されると思っている人がいますが、遺族からの申し出によって凍結するのが一般的です。

　故人が使っていたクレジットカードについては、遺族がカード会社に解約の申し出をします。銀行口座から引き落としできなかった金額については相続人が支払うことになります。しかし、もし誰も知らない銀行口座があり、その口座を使ってクレジットカードの引き落としをしていると、残高がある限り引き落としが続きます。買い物はしていなくても、会費などが引き落とされるかもしれません。クレジットカードを作りすぎると本人も管理が難しくなるうえ、遺族もその処理に悩まされます。クレジットカードは必要なものだけに減らして、それを家族に伝えておきたいものです。

クレジットカード・電子マネーの覚書

■ 電子マネー

名称	番号	紛失時の連絡先	備考 （決済口座など）

■ 自動引き落としされるもの

（例：電気料金、ガス料金、水道料金、電話料金、携帯電話料金、NHK受信料、保険料、
クレジットカードの支払い、習い事、マンションの管理費・修繕費など）

項目	金融機関	口座番号	引き落とし日
			毎月　　　日
			毎月　　　日
			毎月　　　日
			毎月　　　日
			毎月　　　日
			毎月　　　日
			毎月　　　日
			毎月　　　日
			毎月　　　日
			毎月　　　日
			毎月　　　日

携帯電話・パソコンの覚書

■ 携帯電話

契約会社	電話番号 携帯メールアドレス	名義人	ID・パスワード
連絡先			
連絡先			

■ パソコンなど

メーカー・型番など	ユーザー名/パスワード	サポートセンターなどの連絡先

プロバイダー名		プロバイダーの連絡先

メールアドレス		備考

■ SNSなど

　自分が亡くなっても SNS のアカウントや投稿はそのまま残ってしまいます。忘れられてしまうのならともかく、なりすましなどでサイトを荒らされる可能性があります。そこで、最近では亡くなったあとの管理について説明している SNS もありますから、事前に確認しておくとよいでしょう。なかには「追悼アカウントとして残す」ことができる SNS もあります。

LINE	☐ アカウントの削除を希望 ☐ 希望しない	LINE ID 登録電話番号	パスワード
Twitter	☐ アカウントの削除を希望 ☐ 希望しない	アカウント名 登録メールアドレス	パスワード
Facebook	☐ アカウントの削除を希望 ☐ 希望しない	登録メールアドレス 登録電話番号	パスワード
Instagram	☐ アカウントの削除を希望 ☐ 希望しない	アカウント名 登録メールアドレス	パスワード
YouTube	☐ アカウントの削除を希望 ☐ 希望しない	登録メールアドレス	パスワード
その他（ブログなど）	☐ アカウントの削除を希望 ☐ 希望しない	サービス名 登録メールアドレス	パスワード
	☐ アカウントの削除を希望 ☐ 希望しない	サービス名 登録メールアドレス	パスワード

■ インターネットを介した有料サービス

　クラウドサービスや電子新聞、音楽配信、動画配信など有料で利用していたサービスは、基本的には支払いが止まればサービスも止まりますが、念のため利用しているサービスを記録しておきましょう。

サービス名	ID・パスワード	引き落とし口座（クレジットカード）

3章
万一のときの準備

尊厳死・延命に関する私の希望

■ 病名と余命の告知について

□ 望む
□ 望まない　　　その理由 ....

■ 延命措置について

□ 望む
□ 望まない　　　その理由 ....

■ 脳死状態になったときの臓器提供について

□ 望む
□ 望まない　　　その理由 ....

■ 献体について

□ 望む
□ 望まない　　　その理由 ....

尊厳死を望むときは

　現代の医療では、人工呼吸器をはずせば亡くなってしまうという状態であっても、手を尽くして延命措置が行われます。

　しかし、過剰な延命のための治療はせず、自然な死を望む人もいます。そうした、自分自身の死を自分で決定しようというのが「尊厳死」です。

　日本尊厳死協会の「リビング・ウイル」は、終末期を迎えたときの医療の選択について事前に意思表示をしておくものです。尊厳死について深く知りたい人や協会に入会したい人は、ホームページからパンフレットが請求できます。また、電話やファクスでも問い合わせを受け付けています。

公益財団法人日本尊厳死協会　https://songenshi-kyokai.or.jp
TEL.03-3818-6563　FAX.03-3818-6562（9:30 〜 17:00/ 土・日・祝日休 ）

■ 余命を告知されたときにしておきたいこと

臓器提供とは

　臓器提供は、脳死後あるいは心臓が停止した死後にできます。 脳死後に提供できる臓器は心臓、肺、肝臓、腎臓、膵臓、小腸、眼球で、心臓が停止した死後に提供できる臓器は腎臓、膵臓、眼球です。

　現在では、生前に書面で臓器を提供する意思を表示している場合に加え、本人の臓器提供の意思が不明な場合も家族の承認があれば提供できるようになっています。

　臓器提供の意思表示は次の方法でできます。

●健康保険証　●運転免許証　●マイナンバーカード

●意思表示カード（一部の病院や郵便局、イオン店舗などに設置）

●インターネットによる意思表示登録（日本臓器移植ネットワーク）

　意思表示をしたら、家族にも話しておきましょう。

葬儀・戒名に関する希望

■ 葬儀の生前予約・生前契約をしているか

□ している
□ していない

している場合の連絡先

予約・契約先	
担当者	
住所	
連絡先	
費用	
支払い方法	
葬儀内容	
予約・契約内容	

■ 互助会に加入している場合

会社名	
担当者	
住所	
連絡先	
契約内容	

生前予約・生前契約で葬儀の準備を

　生前予約・生前契約とは葬儀業者との間で、自分の葬儀全般の内容や費用、支払い方法などをあらかじめ決めて予約あるいは契約しておくことです。本人の意志だけでは葬儀の際に家族とトラブルが生じかねないので、家族の同意を得てから予約・契約するようにしましょう。

　のちのち気が変わったり、費用に変動の可能性があることから、葬儀業者を選ぶ際には数年おきに見直すことができたり、自由に解約できたりする規定を設けているところを選びたいものです。

　近年では「身元保証等高齢者サポート事業」などといわれる、一人暮らしの高齢者を対象として身元保証や日常生活支援、死後事務などに関するサービスをまとめて提供する事業が生まれており、葬儀会社が扱っているケースもあります。これらのサービスのなかには、不要なものも含まれていたりするため、契約内容が複雑になりがちです。特に、死後事務に要する費用については、預託金の保全措置を講じていないために、会社の経営破綻でサービスの提供が受けられなかったり、預託金が戻らなかったりということもありえます。きちんと死後事務が行われたかの確認もできません。契約前には周りの人と慎重に検討することが大切です。

■ 葬儀の際に望むこと

□ 宗教・宗派 ....

□ 依頼したいお寺・教会など ....

　　　住所 ....

　　　連絡先 ....

□ 無宗教で ....

□ 家族に任せる

□ ささやかに身内だけで

□ その他

■ 通夜・告別式・お別れ会で流したい音楽

....

....

....

■ これだけはしたいこと

....

....

....

....

....

....

....

■ 費用

□ すべて家族に任せる
□ 保険・預金で
□ 費用の準備はない

■ 遺影の準備

□ 準備していない
□ 準備している

保管している場所

....

....

....

....

....

写真があれば
はっておきましょう

遺影選びのポイント

❶ 表情のあるもの……人柄がにじんでいるものがベストでしょう。
❷ 着衣は何でもかまわない……コンピュータを用いた画像処理で着衣を式服にすることもできます。
❸ 顔が首まで大きく写っているもの……拡大したときの画像が粗くなるのを防ぎます。また、画像処理で着衣を変えたときに不自然にならないようにするためです。
❹ ピントが合ったもの……拡大したときにぼけることを防ぎます。
❺ 紙質は光沢のもの……絹目は紙の表面に凸凹があり拡大したときに画像が粗くなりがちです。

■ 戒名について

□ 戒名（法名）はいらない

□ すでに戒名（法名）を取得している

■ 法要に対する希望　初七日・四十九日・年忌法要などについて

宗派と戒名、位牌の知識

　戒名は葬儀のときに僧侶からつけてもらうのが一般的ですが、これは死者に与えられる名前というわけではありません。本来は、生前に仏教教団に入って戒律を守ることを誓った出家僧に対して与えられるものです。出家しない在家の場合は、授戒会で戒を守ることを誓って仏法に帰依した者につけられます。それがなかった場合に、死後、授戒したとして戒名が与えられます。今では、これが一般的になっています。

　宗派によって戒名とは呼ばず法名や法号といいます。たとえば浄土真宗では法名といいます。戒名をつけてもらうのにかなりお金がかかることから、最近では比較的費用が安くすむ生前戒名を受ける人も増えています。生前戒名であれば自分でも納得できる戒名にできます。ただし、菩提寺以外で受けるとトラブルになることもありますから注意が必要です。

　戒名は位牌や石碑に刻みます。位牌にはさまざまな形や大きさがありますが、札位牌と繰り出し位牌の2種類に大別されます。札位牌は故人ひとりひとりに対して作られるものです。繰り出し位牌は回出位牌ともいい、位牌の枠のなかに複数の札位牌が納められるようになっています。

氏 名		TEL	
		FAX	
住 所			
メール アドレス		携帯 電話	
備 考		連絡するとき	入院・危篤・葬儀前・葬儀後

氏 名		TEL	
		FAX	
住 所			
メール アドレス		携帯 電話	
備 考		連絡するとき	入院・危篤・葬儀前・葬儀後

氏 名		TEL	
		FAX	
住 所			
メール アドレス		携帯 電話	
備 考		連絡するとき	入院・危篤・葬儀前・葬儀後

氏 名		TEL	
		FAX	
住 所			
メール アドレス		携帯 電話	
備 考		連絡するとき	入院・危篤・葬儀前・葬儀後

氏 名		TEL	
		FAX	
住 所			
メール アドレス		携帯 電話	
備 考		連絡するとき	入院・危篤・葬儀前・葬儀後

氏 名		TEL	
		FAX	
住 所			
メール アドレス		携帯 電話	
備 考		連絡するとき	入院・危篤・葬儀前・葬儀後

氏 名		TEL	
		FAX	
住 所			
メール アドレス		携帯 電話	
備 考		連絡するとき	入院・危篤・葬儀前・葬儀後

氏 名		TEL	
		FAX	
住 所			
メール アドレス		携帯 電話	
備 考		連絡するとき	入院・危篤・葬儀前・葬儀後

氏 名		TEL	
		FAX	
住 所			
メール アドレス		携帯 電話	
備 考		連絡するとき	入院・危篤・葬儀前・葬儀後

氏 名		TEL	
		FAX	
住 所			
メール アドレス		携帯 電話	
備 考		連絡するとき	入院・危篤・葬儀前・葬儀後

氏 名		TEL	
		FAX	
住 所			
メール アドレス		携帯 電話	
備 考		連絡するとき	入院・危篤・葬儀前・葬儀後

氏 名		TEL	
		FAX	
住 所			
メール アドレス		携帯 電話	
備 考		連絡するとき	入院・危篤・葬儀前・葬儀後

氏 名		TEL	
		FAX	
住 所			
メール アドレス		携帯 電話	
備 考		連絡するとき	入院・危篤・葬儀前・葬儀後

氏 名		TEL	
		FAX	
住 所			
メール アドレス		携帯 電話	
備 考		連絡するとき	入院・危篤・葬儀前・葬儀後

氏 名		TEL	
		FAX	
住 所			
メール アドレス		携帯 電話	
備 考		連絡するとき	入院・危篤・葬儀前・葬儀後

氏 名		TEL	
		FAX	
住 所			
メール アドレス		携帯 電話	
備 考		連絡するとき	入院・危篤・葬儀前・葬儀後

氏 名		TEL	
		FAX	
住 所			
メール アドレス		携帯 電話	
備 考		連絡するとき	入院・危篤・葬儀前・葬儀後

氏 名		TEL	
		FAX	
住 所			
メール アドレス		携帯 電話	
備 考		連絡するとき	入院・危篤・葬儀前・葬儀後

氏 名		TEL	
		FAX	
住 所			
メール アドレス		携帯 電話	
備 考		連絡するとき	入院・危篤・葬儀前・葬儀後

氏 名		TEL	
		FAX	
住 所			
メール アドレス		携帯 電話	
備 考		連絡するとき	入院・危篤・葬儀前・葬儀後

氏 名		TEL	
		FAX	
住 所			
メール アドレス		携帯 電話	
備 考		連絡するとき	入院・危篤・葬儀前・葬儀後

氏 名		TEL	
		FAX	
住 所			
メール アドレス		携帯 電話	
備 考		連絡するとき	入院・危篤・葬儀前・葬儀後

氏 名		TEL	
		FAX	
住 所			
メール アドレス		携帯 電話	
備 考		連絡するとき	入院・危篤・葬儀前・葬儀後

氏 名		TEL	
		FAX	
住 所			
メール アドレス		携帯 電話	
備 考		連絡するとき	入院・危篤・葬儀前・葬儀後

氏 名		TEL	
		FAX	
住 所			
メール アドレス		携帯 電話	
備 考		連絡するとき	入院・危篤・葬儀前・葬儀後

お墓・仏壇に関する希望

■ 仏壇の準備

☐ 伝来の仏壇

☐ 新しい仏壇を購入　　　　　購入費用について

☐ その他

■ お墓・納骨の希望

☐ 菩提寺または先祖の墓に納骨　　　住所

☐ 永代供養墓に納骨　　　購入費用について　　　　希望の場所

☐ 新しく個人墓を
　購入して納骨　　　購入費用について　　　　希望の場所

　　　　　　　墓石・墓碑銘の希望

☐ 散骨　海洋葬　樹木葬　　　費用について　　　　希望の場所

☐ 納骨堂　　　費用について　　　　希望の場所

☐ 家族に任せる

☐ その他（手元供養など）

■ お墓参りのときの希望

遺言に関する覚書

■ 遺言の有無

☐ ある

☐ ない

■ 作成している場合の保管場所

....

....

....

■ 作成年月日

....

....

■ 関係者一覧（弁護士・税理士など）

氏 名	連絡先

形見分け・寄附に関する希望

　故人が愛用していたものや大切にしていたものを、故人とごく親しい友人や親戚に贈ることを形見分けといいます。これにより、故人をしのび、故人との思い出を折に触れ思い出してもらうことができます。ただし、目上の人に贈るのは、失礼になる場合があるので気をつけましょう。形見分けをする時期に特に決まりはありませんが、忌明け（四十九日の法要を行って忌明けとなる）後に行うのが一般的です。形見の品は包装しなくてもよいとされており、奉書紙で軽く包む程度にします。

　財産の一部を寄附したい場合や、長年寄附をしてきて今後も家族に続けてもらいたいところがあれば記載しておきましょう。

■ 形見分けをしたい人

品 名	遺品を受け取ってもらいたい人

品名	遺品を受け取ってもらいたい人

■ 寄附をしたいところ

寄附をしたい相手	寄附の内容	連絡先	寄附の理由

※記入していても法的効力はありません。遺言書で法的にも有効な形で残しておきましょう。

遺言の保管から相続手続きまで依頼できる遺言信託

　相続で家族が争わないようにしたい、家族に手続き面で負担をかけたくないという人は、金融機関が提供している「遺言信託」を利用して、これらの問題を回避するのも一法です。

　金融機関が扱う遺言信託は、遺言書を作成する際の相談、遺言書の保管、遺言の執行まで、相続に関わる手続きをサポートするサービスです。専門的な知識に乏しくても、自分の思いが実現できるように文案作成のサポートをしてくれたり、万一のときには遺言者の意思を確実に実現してくれます。ただし、戸籍謄本や住民票などの交付手数料はもちろん、契約時の手数料、遺言の保管料、遺言執行報酬のほか、税理士報酬や遺言書の変更手数料などが必要になります。

遺言信託の流れ

① 事前の相談 …… 遺言書作成にあたっての意向、相続人、対象となる財産などを確認のうえ、金融機関に遺言内容の相談をします。

⬇

② 遺言書の作成 …… 公証役場で公正証書による遺言書を作成します。証人が2人以上必要なため、金融機関の職員が証人として立ち会うこともできます。

⬇

③ 遺言信託の申し込み …… 遺言信託申込書を作成して金融機関と契約を結ぶ。公正証書遺言書の正本を相続開始まで預けます。
遺言者が亡くなったときに金融機関に連絡をする死亡通知人を指名します。
相続人や財産に変化がないか金融機関から定期的に照会があり、必要があれば遺言内容の変更を行います。

⬇
⬇
⬇

遺言者が亡くなる〈相続開始〉

⬇

④ 相続開始の通知 …… 死亡通知人から金融機関に、遺言者が亡くなったことを連絡します。

⬇

⑤ 遺言書の披露と遺言執行者就任通知 …… 金融機関から相続人に遺言書の内容が披露され、遺言執行者に就任する通知がされます。

⬇

⑥ 遺産の調査と財産目録の作成 …… 相続人の協力のもと、金融機関が遺産や債務を調査し、財産目録を作成します。相続人が保管している被相続人の権利書や通帳などを銀行に預けます。

⬇

⑦ 相続税、所得税の申告および納付手続き …… 被相続人の財産によっては、相続開始後4か月以内に準確定申告・納付、10か月以内に相続税申告・納付が必要になるため、納税資金の手当てについてアドバイスがあります。

⬇

⑧ 遺言執行・遺産分割の実施 …… 金融機関が遺言書に基づいて預貯金や有価証券の換金、不動産などの名義変更の手続きを行い、遺産分割を実施します。

⬇

⑨ 遺言執行完了の報告 …… 金融機関は遺産分割のすべての手続きを実施のうえ、遺言執行の完了を報告します。

4章
よりよいエンディングを迎えるために
知っておきたいこと

葬儀の基礎知識

　地域の人々とのつきあいがうすれたことや、子どもが少ないために葬儀費用の負担が重くなっていること、さらには宗教とのつながりがうすくなってしまったなどの理由から、近年はさまざまな形式の葬儀が行われるようになっています。ただし、葬儀会社によってその内容が少しずつ異なる場合がありますから、希望の形式をきちんと伝えることが大切です。

　また、葬儀は一般葬でも埋葬は樹木葬にして折々のお参りは家族など身近な人だけでよいという場合もあるでしょう。自分はどのような葬儀・埋葬にしたいのか、家族に伝えておきましょう。

■ 葬儀の種類

一般葬	友人、知人、近隣住人、仕事の関係者など参列者は多岐にわたり、通夜や告別式を2日間にわたって執り行う従来の伝統的な葬儀を指します。宗教や宗派によって葬儀の内容は異なります。
家族葬	家族や親戚など、10～30名程度の参列者で執り行われる葬儀です。故人と静かなお別れの時間が過ごせること、費用が抑えられることなどから、近年増えている葬儀です。家族葬とはいえ、通夜や告別式は通常通り行われます。家族葬ということで、親しかった人に連絡せずにいると、あとでトラブルになったり、自宅に弔問に訪れる人が増えて逆に気をつかうということもあります。
直　葬	一般的には葬儀や告別式を行わず、病院など亡くなった場所から直接火葬場に移動して終わる葬儀です。葬儀を行う身寄りがいない場合のほか、経済的な負担を家族にかけたくない場合に行われることが多いようです。費用は少なくてすむものの、遺された家族にとっては、ゆっくりお別れの時間をとれない面も。また、家族葬同様、あとで弔問客が訪れることもあるでしょう。
一日葬	通夜を行わず、告別式を中心にして一日ですべてを終わらせる葬儀を指します。遺族にとっては、身体的な負担が軽くなります。親戚に高齢者が多かったり、遠方の人が多かったりする場合には、一日葬が多いようです。
自由葬	特定の宗教宗派や慣習に捉われることなく、故人や家族の希望にそって、内容を決め実施する葬儀です。故人の好きだった音楽を流したり、映像を流したりして、自由に故人らしい葬儀にできます。故人が希望を詳細に記録していればよいのですが、そうでなければ遺族などがいちから式次第を考えることになります。故人や遺族が自由葬を希望しても、親族から反対されるかもしれません。亡くなる前に相談し、親族の理解を得ておく必要があります。
生前葬	亡くなる前に自分で自分の葬儀を行うものです。お世話になった人たちに直接自分の口でお礼を伝えることができます。パーティ形式で音楽を取り入れたり趣味のもので飾ったりと自由に行われることが多いようです。本当に亡くなったときには、身近な人だけで家族葬などを行うこともあります。

■ 家族（遺族）の服装のマナー

	男 性	女 性
服 装	● 白の無地の長袖ワイシャツに 　ブラックスーツ 　（ビジネススーツは避ける） ● ネクタイは黒 ● 靴下は黒の無地	● ひざが隠れる黒の長袖のワンピースかスーツ ● ストッキングは黒 ● 着物なら喪服 　（帯揚げ、帯締め、バッグ、ぞうりも黒。 　　半衿、足袋、長襦袢は白）
アクセサリー		● 結婚指輪のみ ● つける場合は、真珠やオニキスの一連の 　ネックレスか一粒タイプのイヤリング
髪 型	● 清潔感のあるスタイルに	● 長い髪の人は控えめにまとめる ● ゴムやピンは黒を使う
靴・バッグ	● シンプルな黒の靴 　（エナメルは避ける）	● シンプルな黒のパンプス 　（エナメルは避ける） ● バッグは和装・洋装とも布製が正式 　（金具のないシンプルなデザイン）

■ 数珠の種類

　数珠は念仏を唱えた回数を数えるために使われていました。宗派によって数珠の形が違うのは、教えの違いによります。宗派を問わない略式の数珠もあります。ほかの宗派の葬儀であっても、自分の宗派の数珠を使用することはマナー違反ではありません。

天台宗‥‥‥‥‥‥ 108珠の平たい珠が特徴です。二重にして使用します。

真言宗‥‥‥‥‥‥ 108珠の数珠を二重にします。左右に2本ずつ房がついています。

浄土宗‥‥‥‥‥‥ 二連の数珠が組み合わされ、その一つに金属の二連の輪が通り、房がついています。

浄土真宗‥‥‥‥‥ 男性は主に一重タイプで、女性は108珠の数珠を二重にして使います。
　　　　　　　　　　浄土真宗では念仏の数を数えることはしないため、片方の房が蓮如結びという結び方になっています。

臨済宗・曹洞宗‥‥ 108珠の数珠を二重にして使用します。曹洞宗は金属の輪が通っています。

日蓮宗‥‥‥‥‥‥ 108珠の数珠を二重にして使用します。左右に2本と3本の房がそれぞれついています。

葬儀の準備と実際

　葬儀の一連の流れは、故人が信仰している宗派によって異なります。ここでは、一般的な仏式の葬儀の流れを確認しておきましょう。

仏式の葬儀の流れ

臨　終

病院で亡くなった場合は、遺体の処置に30〜60分程度かかります。その間に家族、親戚、故人の友人・知人、勤務先などの関係者に連絡します。医師から死亡診断書を受け取ったら、7日以内に役場に死亡届を提出します。死亡届の提出は葬儀会社が代行してくれます。

葬儀会社に連絡

亡くなったら、早めに葬儀会社に連絡し、故人の氏名、宗派、要望などを伝えます。

**遺体を自宅や
葬儀場などに移す**

遺体を安置する場所を決め、葬儀会社に搬送してもらいます。葬儀会社は遺体が到着するまでに枕飾りなどの準備をしておいてくれます。葬儀場に安置する場合もあります。

葬儀の打ち合わせ

葬儀会社と葬儀に関する打ち合わせをします。内容は、以下のことのほか、式の日程、喪主の決定、予算、お手伝いの人の役割分担などです。

菩提寺に連絡する

菩提寺がある場合は連絡し、日程の打ち合わせをします。菩提寺がない場合や遠方の場合は、葬儀会社に依頼すれば手配してくれます。

火葬場を予約する

菩提寺の日程に合わせて火葬場の予約をします。葬儀会社が代行してくれます。

会場の決定 ……… 予算、参列者の人数、式の演出などによって会場（自宅、集会場、葬儀場など）を決定します。

料理の決定 ……… 故人をしのび、通夜で出す通夜ぶるまい、初七日の精進落としなどの料理を決定します。仕出し業者は葬儀会社が紹介してくれます。

献花の決定 ……… 献花の種類（洋花、花輪など）を決定します。葬儀会社に依頼すれば手配してくれます。

納棺の儀 ……… 遺族の手で遺体を棺に納めます。このとき、故人が生前愛用していたものを一緒に納めることもできます。

通　夜 ……… 僧侶に通夜のお勤めをしてもらいます。その後、通夜ぶるまいの席に移り、参列者をもてなします。

葬儀・告別式 ……… 導師に葬儀・告別式のお勤めをしてもらいます。本来、葬儀は故人を弔うための儀式で、告別式は友人・知人などとの別れの儀式です。喪主があいさつをし、出棺します。

火葬と収骨 ……… 最寄りの火葬場で荼毘に付します。僧侶による読経があり、喪主から順に焼香します。2人1組で「お骨上げ（お骨拾い）」をします。

初七日 ……… 遺骨を会場に迎えて、還骨勤行と初七日の法要を行ったあと、精進落としの料理で参列者をもてなします。喪主のあいさつをもって一連の儀式が終了します。自宅に飾った後飾りの祭壇に遺骨を安置します。後飾りは葬儀会社が準備してくれます。

葬儀後のお金の手続き

　葬儀を滞りなくすませたら、故人のお金に関わる手続きを行います。これは、遺族にとっては思いのほか大変な作業です。健康保険や公的年金のほかに、生命保険の請求、公共料金の名義の書き換え、クレジットカード類の解約など多岐にわたります。各種カード類は、自分で判断できるうちにできるだけ整理しておきましょう。

健康保険・公的年金の手続き一覧

	届出書類	手続き先	手続き期限
国民健康保険に加入していた人（自営業者など）が亡くなったとき	資格喪失届	市区町村役場 家族も国民健康保険に加入していた場合は、世帯全員の保険証を返却し、世帯変更届を出して新しい保険証を発行してもらう	死亡から14日以内
健康保険に加入していた人（会社員や公務員）が亡くなったとき	資格喪失届	事業主から届出を行うのが基本 健康保険は世帯単位で加入するため、被保険者が世帯主であった場合は被扶養者も資格を失う。このため、事業主に家族の保険証も返却し、国民健康保険か家族が加入している健康保険に入り直す	死亡から5日以内
介護保険の要支援・要介護を受けていた人が亡くなったとき	介護保険資格喪失届	市区町村役場 介護保険被保険者証も返却する	死亡から14日以内
後期高齢者医療制度に加入していた人が亡くなったとき	資格喪失届	市区町村役場 介護保険被保険者証も返却する	死亡から14日以内
老齢基礎年金の受給者が亡くなったとき	年金受給権者死亡届	年金事務所または年金相談センター 年金支給は後払いのため、生計が同一であった遺族が未支給請求をして代わりに受け取ることができる	死亡から14日以内 （未支給年金の請求は5年以内）
老齢厚生年金の受給者が亡くなったとき	年金受給権者死亡届	年金事務所または年金相談センター 年金支給は後払いのため、生計が同一であった遺族が未支給請求をして代わりに受け取ることができる	死亡から10日以内 （未支給年金の請求は5年以内）

※亡くなった人に一定の条件が当てはまる遺族がいる場合、遺族基礎年金や遺族厚生年金を受け取ることができます（43ページを参照）。年金事務所などに問い合わせを。
※日本年金機構に個人番号（マイナンバー）が収録されている人は、原則として「年金受給権者死亡届」は省略できます。

その他の手続き一覧

	手続き先	手続き期限
生命保険の受け取り	各生命保険会社	できるだけ早く。約款には 3 年と記載されているが、これを過ぎてしまってもまずは連絡を
世帯主の変更届	市町村役場	死亡から 14 日以内 （通常は死亡届と同時に手続きする）
クレジットカードの停止・解約	各カード会社	できるだけ早く。自動引き落としがある場合は、銀行の引き落とし口座の解約あるいは口座変更も行う
運転免許証の返納	警察署か 国家公安委員会	できるだけ早く。ただし、有効期限が切れると自動的に資格は消滅する
パスポートの返納	パスポートセンター	できるだけ早く。ただし、有効期限が切れると自動的に資格は消滅する。紛失して悪用される可能性もあるので、心配な場合は返納を
公共料金の名義変更・自動引き落とし口座変更	各社	できるだけ早く。名義変更と自動引き落とし口座変更を同時に行うのが一般的（ホームページで行える場合もある）。口座変更には 1 ～ 2 か月程度かかるので、その間はコンビニエンスストアなどで支払う
電話の名義変更	電話会社	できるだけ早く。解約するのか、名義変更するのかを決めてから連絡を
携帯電話の解約	各携帯電話会社 （各ショップ）	できるだけ早く。解約日までに利用した通話料金は請求される。携帯電話本体の分割支払いが残っている場合もあるので注意
NHK 受信料の解約	NHK	できるだけ早く。名義変更または解約。電話またはインターネットで行う
火災保険などの名義変更	各保険会社	できるだけ早く
UR賃貸住宅の名義変更	都市再生機構 （UR都市機構）	できるだけ早く。承継願を提出し承諾を得る
ゴルフ会員権の名義変更	各社	売却するか相続人が引き継ぐことになる。会員権の相続を認めていないケースもあるので、確認が必要

相続の基礎知識

　亡くなった人の財産を受け継ぐと相続税がかかります。現金、土地、建物、有価証券など金銭に換算できるものはすべて財産になります。しかし、遺族にとっては故人の通帳や権利書などをまとめるだけでも大変です。遺族の手続きがスムーズに運ぶよう、相続の基本を確認して備えるべきところを確認しておきましょう。

■ 相続の3つの方法

相続が開始したら、誰がどれだけの財産を受け継ぐのか決めなければなりません。
その際の方法には、次の3つの方法があります。

遺言による相続	亡くなった人の遺言によって相続の内容が決まる
分割協議による相続	相続人全員で遺産の分け方を決める
法定相続	民法で決められた人が決められた分だけ相続する

■ 法定相続人の範囲と順位

亡くなった人を「被相続人」、遺産を受け継ぐ人を「法定相続人（相続人）」といいます。法定相続人になれる人は決められており、財産を受け継ぐ人の順番や相続財産の割合も決められています。

必ず相続人になる人：配偶者
　　　　第1順位：死亡した人の子。子が亡くなっている場合はその子や孫
　　　　第2順位：死亡した人の両親や祖父母
　　　　第3順位：死亡した人の兄弟姉妹。兄弟姉妹が死亡している場合はその人の子

■ 法定相続分と遺留分

法定相続人	法定相続分	遺留分
配偶者と子※（または孫）	配偶者… $\frac{1}{2}$ 　 $\frac{1}{2}$ …子（孫）	$\frac{1}{4}$ …配偶者　$\frac{1}{4}$ …子（孫）
配偶者と父母	配偶者… $\frac{2}{3}$ 　 $\frac{1}{3}$ …父母	$\frac{1}{3}$ …配偶者　$\frac{1}{6}$ …父母
配偶者と兄弟姉妹※（または甥・姪）	配偶者… $\frac{3}{4}$ 　 $\frac{1}{4}$ …兄弟姉妹（甥・姪）	$\frac{1}{2}$ …配偶者のみ（兄弟姉妹は遺留分がない）
配偶者のみ	配偶者… 全部	$\frac{1}{2}$ …配偶者
子※（または孫）のみ	全部 …子（孫）	$\frac{1}{2}$ …子（孫）
父母のみ	全部 …父母	$\frac{1}{3}$ …父母
兄弟姉妹※（または甥・姪）のみ	全部 …兄弟姉妹（甥・姪）	なし

※カッコ内は代襲相続の場合の相続人。代襲相続とは、被相続人（亡くなった人）の子や兄弟姉妹がすでに亡くなっている場合に、孫や姪・甥が相続人に代わって相続すること。　※遺留分については78ページを参照。

■ 相続税がかからない場合

● 正味の遺産額が基礎控除を超えない場合、相続税はかからない

> ### 基礎控除額 = 3000万円 + 600万円 × 法定相続人の数

< 例 > 法定相続人が妻と子ども2人の場合の基礎控除
3000万円 + 600万円 × 3人 = 4800万円

● 生命保険や死亡退職金は、それぞれ非課税限度額まで相続税はかからない

> ### 非課税限度額 = 500万円 × 法定相続人の数

■ 相続税がかかる場合の計算

相続税の計算は以下のように行います。

ステップ ① **正味の遺産額を求める**

ステップ ② **課税遺産総額を求める**

ステップ ③ **各法定相続人の法定相続分による相続税額を求める**

ステップ ④ **配偶者控除や未成年者控除などの控除を差し引く**

※財産を取得した人が被相続人の配偶者・父母・子ども（代襲相続人を含む）以外の者（兄弟姉妹や甥・姪、法定相続人に含まれない養子など）である場合、税額控除額を差し引く前の相続税額にその20％相当額を加算したあと、税額控除額を差し引く

ステップ ⑤ **各法定相続人の納税額を求める**

■ 主な税額控除

贈与税額控除	相続開始前3年以内に贈与された財産は相続税の対象となるが、贈与時に支払った贈与税は相続税から控除できる
配偶者控除	被相続人の配偶者は、法定相続分または1億6000万円分を控除できる
未成年者控除	法定相続人に未成年がいる場合は、満20歳までの年数1年につき10万円を控除できる
障害者控除	法定相続人に障害を持った人がいる場合、85歳未満の年数1年ごとに10万円（特別障害者は1年ごとに20万円）を控除できる
相次相続控除	10年以内に連続して相続があった場合、2回目以降の相続では、前回の相続税額から一定額を控除できる

■ 相続税の計算例　遺族は妻と子ども2人の場合で、法定相続どおりに分割します。

ステップ① 正味の遺産額を求める

借入金や葬儀費用は遺産から引くことができます。

預貯金・株式	8000万円
土地	1200万円
建物	1000万円
（※特定居住用宅地等の特例を適用）	
生命保険金	3500万円
（保険金5000万円 − 500万円×3人）	
借入金	△400万円
葬儀費用	△300万円

正味の遺産額	**1億3000万円**

※ 330㎡までの居住用宅地など一定の要件に該当する土地は評価額が減額されます。

ステップ② 課税遺産総額を求める

正味の遺産額から基礎控除を差し引きます。

1億3000万円 − 4800万円 = 8200万円

基礎控除 3000万円 + 600万円×3人

ステップ③ 各法定相続人の法定相続分による仮の取得額を求める

②で算出した課税遺産総額を法定相続分どおりに分割したものと仮定して各法定相続人の仮の取得額を求めます。

妻	8200万円×1/2=4100万円
子A	8200万円×1/4=2050万円
子B	8200万円×1/4=2050万円

ステップ④ 相続税の総額を求める

各法定相続人の仮の取得額に、下の表の税率をかけ、控除額を引いて「各法定相続人の仮の相続税額」を求めます。これを合計して相続税総額を求めます。

妻	4100万円×20% − 200万円 = 620万円
子A	2050万円×15% − 50万円 = 257万5000円
子B	2050万円×15% − 50万円 = 257万5000円

相続税の総額	**1135万円**

● 相続税の速算表

課税遺産総額に各相続人の法定相続分を乗じた額	税率	控除額
1000万円以下	10%	——
1000万円超　3000万円以下	15%	50万円
3000万円超　5000万円以下	20%	200万円
5000万円超　1億円以下	30%	700万円
1億円超　2億円以下	40%	1700万円
2億円超　3億円以下	45%	2700万円
3億円超　6億円以下	50%	4200万円
6億円超	55%	7200万円

ステップ⑤ 各法定相続人の納税額を求める

相続税総額をもとに、実際の各相続人の取得割合に応じて相続税額を求めます。

妻	1135万円×50%=567.5万円 ➡ 0円

（配偶者については法定相続分または1億6000万円までの多い金額まで税額控除があるため）

子A	1135万円×25% = 283.75万円
子B	1135万円×25% = 283.75万円

■ 相続で知っておきたいこと

遺言書を見つけたら

　相続では、法定相続より遺言による相続を優先させることになっています。ただし、相続人全員の同意があれば、遺言で決められた相続に従わなくてもかまいません。

　遺言書を破ったり隠したり、あるいは勝手に変更を加えたことが発覚すると相続欠格者となって相続人から外されます。

相続には単純承認、限定承認、相続放棄がある

　単純承認とは、プラス財産とマイナス財産（借入金・債務）の両方を相続することをいい、限定承認や相続放棄の手続きをしなければ、自動的に単純承認したものとみなされます。

　プラス財産が多い場合は、当然、単純承認を選びます。しかし、マイナス財産が多いとわかっている場合は、故人の負債を自分の財産から払わないですむ相続放棄の手続きをすることもできます。また、プラス財産もマイナス財産もいっさい相続したくない場合にも利用できます。

　もし、故人の財産を調査して財産目録を作成した段階でマイナス財産はなかったものの、後にマイナス財産の存在が発覚する危険性がある場合は限定承認にしておく手もあります。これは、プラス財産の範囲内でマイナス財産を相続することをいい、マイナス財産が多くても自分の財産から返済する義務を免れることができます。

●単純承認・限定承認・相続放棄の違い

	単純承認	限定承認	相続放棄
プラスの財産	相続する	相続する	相続しない
マイナスの財産	相続する	プラスの財産の範囲内で相続する	相続しない
手続きの有無	手続き不要	家庭裁判所での手続きが必要	家庭裁判所での手続きが必要
手続きの期限	なし	相続発生から3か月以内	相続発生から3か月以内

配偶者居住権でそのまま住み続けることができる

　2020年4月から被相続人が所有していた住まいに住んでいた配偶者が、相続開始後も引き続きその住まいに無償で住む権利が認められることになりました。これを「配偶者居住権」といいます。配偶者居住権は遺言書に書いておくか（ただし、「遺贈する」と書いておく必要がある。「相続させる」と書くと配偶者居住権の取得を希望しない場合に配偶者居住権の取得だけを放棄することができなくなるため）、遺産分割協議で決めることができます。

　また、配偶者短期居住権という権利も認められるようになっています。これは、たとえば夫の名義であった自宅を息子が相続すると、妻は自宅を出なければならなくなります。しかし、すぐに明け渡しできるとは限りません。そこで、一定期間についての居住権が認められるという制度です。これは相続開始時に自動的に発生します。

■ 法定相続人には最低限相続できる遺留分がある

　被相続人は遺言で自由に財産を処分できますが、遺産に頼らないと生活できない家族を保護するなどの理由から、法定相続人には最低限の取り分が認められています。これを「遺留分」といい、遺言で財産を相続した人に対して、法定相続人が一部の財産を取り戻し請求することを「遺留分侵害額請求」といいます。この遺留分侵害額請求は、2019年までは「遺留分減殺請求」といわれていました。遺留分減殺請求では現金だけでなく不動産なども遺留分として請求できましたが、遺留分侵害額請求では、遺留分相当額の現金を請求することになりました。遺留分を侵害している相手には、通常、内容証明郵便で請求します。

　遺留分は直系尊属（父母・祖父母などの故人より目上の直系の親族）のみが相続人の場合は法定相続の1/3、その他の場合は法定相続分の1/2で、兄弟姉妹にはありません（74ページ参照）。遺留分侵害額の請求ができる期間は、遺留分侵害を知った日などから1年以内です（相続の日から10年で権利は消滅）。

相続関連手続き一覧

手続きの内容	手続き先	いつまで
遺産分割協議書と財産目録の作成	弁護士や税理士、司法書士などの専門家に依頼するのが無難	原則、10か月以内
相続放棄・限定承認	住所地を管轄する家庭裁判所	3か月以内
故人の準確定申告	住所地を管轄する税務署	4か月以内
郵便貯金・銀行預金の名義変更	郵便局・銀行の窓口	遺産分割協議書の作成ができてからなるべく早く
郵便貯金・銀行預金以外の金融商品の名義変更	各金融商品の購入先・預け先など	遺産分割協議書の作成ができてからなるべく早く
不動産の移転登記	住所地を管轄する法務局	遺産分割協議書の作成ができてからなるべく早く
相続税の申告	住所地を管轄する税務署	10か月以内
遺留分侵害額請求	侵害者に対する意思表示で行う	相続の開始、遺留分を侵害する贈与または遺贈があったことを知った日から1年以内、または相続開始から10年以内

■ 財産形成に貢献すれば寄与分や特別寄与料が認められる

相続人の財産形成などに貢献した人とそうでない人が同じ相続分というのは不公平です。この不公平を是正するのが「寄与分」です。単なる同居や看護は家族として当然のことで寄与分とは認められません。寄与分の金額は遺産分割協議で決めます。協議で決まらなければ家庭裁判所に審判を申し立てます。

寄与分は相続人のみに認められていましたが、被相続人の看護に貢献した人（相続人の配偶者など）に請求権がないのは逆に不公平だということで、2019年からは相続人の親族であれば「特別寄与料」を請求できるようになりました。この場合、被相続人を無償で看護したことなどを証明する必要があります。

■ 遺産分割協議がまとまらないときは

協議を重ねてもまとまらないときは、家庭裁判所に遺産分割の審判を申し立てます。家庭裁判所では、まず調停を行い、それでもまとまらなければ審判を下します。分割の前提となる遺産の範囲について争いがある場合は民事訴訟で確定することになります。

	必要書類・注意事項など
	遺産分割協議がまとまらなければ家庭裁判所に審判の申し立てを行います
	相続放棄・限定承認の申し立てを行わない場合は、単純承認したものとみなされます
	準確定申告は所得税を確定するために行うもの。所得がなければ所得税は発生しないため、もし故人に所得がなかった場合は、準確定申告をする必要はありません。故人に所得があったとしても、その所得が所得税のかからない範囲で、所得税を源泉徴収されていなければ、準確定申告をする必要はありません。所得税を源泉徴収されていた場合は、所得税を払いすぎているケースがあるので、準確定申告で所得税の還付を受けられる可能性はあります
	印鑑・故人の預貯金通帳・遺産分割協議書・相続人全員の戸籍謄本・相続人全員の印鑑証明書などが必要です
	印鑑・故人の戸籍謄本・遺産分割協議書・相続人全員の戸籍謄本・相続人全員の印鑑証明書などが必要です
	印鑑・遺産分割協議書・住民票・戸籍謄本・固定資産評価証明書などが必要です
	故人の財産が相続税のかからない範囲内なら、申告する必要はありません
	遺言などで遺留分を侵害された場合に行います

賢い贈与の仕方

　国税庁の調べによると、相続全体の約９割は相続税を納める必要のない相続ですから、多くの人にとって生前贈与が節税の役に立つことはないといえますが、生きている間に配偶者や子どもに贈与しておきたい人もいるでしょう。ここで、贈与時に贈与税がかからないか、少なくてすむ代表的な方法を３つ紹介します。

贈与税の基礎控除を利用する

　贈与税には 110 万円の基礎控除が設けられています。贈与税は年単位での課税なので、基礎控除の枠は毎年使えます。このため、年間 110 万円までの贈与なら贈与税はかかりませんし、申告の必要もありません。ただし、毎年、同じ相手に対して、贈与する時期や金額を同じにすると定期金の贈与として一括課税されるおそれがあるので注意が必要です。

贈与税の配偶者控除を利用する

　婚姻期間が 20 年以上の夫婦間で、居住用不動産またはその取得資金の贈与を行う場合、最高 2000 万円までの配偶者控除が受けられます。基礎控除と合わせると 2110 万円まで贈与税を納める必要はありません。ただし、税額は０円でも申告の必要があります。

相続時精算課税制度を利用する

　これは、相続時に贈与財産と相続財産を合計して最終納税額を計算する制度です。この制度を利用すると、使途目的を問わず合計 2500 万円までは贈与税を納める必要はなく、2500 万円超を贈与しても、超えた分の 20％の贈与税を納めればすみます。贈与者は 60 歳以上の親・祖父母であること、贈与を受ける者は 20 歳以上の子・孫である法定相続人であることが条件です。贈与者が死亡して相続が発生すると、この制度で贈与を受けた財産と相続財産を合計して最終納税額が計算されるので、相続税を納める必要がある場合もあります。もし、2500 万円超の贈与を受けて贈与税を納めていた場合は、最終納税額より多ければ還付され、少なければ追加して納めます。

贈与税の速算表

贈与税の税率は「一般贈与財産用」と「特例贈与財産用」に区分されます。一般贈与財産用の税率は兄弟間や夫婦間、親から子への贈与で子が未成年の場合など、特例贈与財産用の税率は直系尊属（祖父母や父母など）からその年の１月１日において 20 歳以上の者（子・孫など）への贈与税の計算に使用します。

● 特例贈与財産用

20歳以上の子・孫などが受ける贈与		
110万円控除後の金額	税率	控除額
200万円以下	10％	——
〜400万円	15％	10万円
〜600万円	20％	30万円
〜1,000万円	30％	90万円
〜1,500万円	40％	190万円
〜3,000万円	45％	265万円
〜4,500万円	50％	415万円
4,500万円超	55％	640万円

● 一般贈与財産用

左記以外の者が受ける贈与		
110万円控除後の金額	税率	控除額
200万円以下	10％	——
〜300万円	15％	10万円
〜400万円	20％	25万円
〜600万円	30％	65万円
〜1,000万円	40％	125万円
〜1,500万円	45％	175万円
〜3,000万円	50％	250万円
3,000万円超	55％	400万円

緩和ケアの知識

WHO（世界保健機関）では、緩和ケアを次のように定義しています。
「緩和ケアとは、生命を脅かす疾患による問題に直面している患者とその家族に対して、疾患の早期より痛み、身体的問題、心理社会的問題、スピリチュアルな問題に関してきちんとした評価をおこない、それが障害とならないように予防したり対処したりすることで、クオリティー・オブ・ライフを改善するためのアプローチである」

日本では主にがんの患者に対するケアと捉えられており、厚生労働省ではがんが進行した終末期だけではなくがんと診断されたときから緩和ケアを治療と同時に行うことをすすめています。また、厚生労働省では、一定の施設基準を満たした緩和ケア専門の病棟を緩和ケア病棟と認定しています。

緩和ケアが受けられる場所は?

全国のがん診療連携拠点病院であればどこでも受けることができます。また、通院でも入院でも、自宅でも受けることができます。がん診療連携拠点病院以外の病院でも受けることができる場合があります。

● 通院の場合

治療のために通っている外来で、担当医や看護師から緩和ケアが受けられます。また、緩和ケア外来がある病院へ通院もできます。

● 入院の場合

入院する病棟または緩和ケアに特化した緩和ケア病棟で専門的ケアを受けます。

● 自宅の場合

訪問診療や訪問看護、訪問入浴などのサービスを整えて緩和ケアを受けます。公的介護保険が適用されます。ただし、適用外の費用が発生することもあります。

健康保険はきくの?

厚生労働省から「緩和ケア病棟」の認証を受けた施設の場合、医療費は定額です。医療費が一定額を超えた場合には、高額療養費制度を利用すれば自己負担限度額までの費用負担ですみます。

どこに相談すればいい?

まずは担当の医師に相談しましょう。がん診療連携拠点病院などに設置されているがん相談支援センターでも、緩和ケアを受けられる病院や緩和ケアの受け方などの情報を得ることができます。

参考：国立がん研究センターホームページ「がん情報サービス」

仏壇の整え方

　一般的には四十九日の法要を行って忌明けとなり、「開眼供養」していただいた位牌を仏壇に納め、これ以降は日々の供養を行うことになります。仏壇の整え方を押さえておきましょう。

■ 新しい仏壇を買ったときは？

　仏壇がない場合は購入することになります。いつまでに購入しなければならないという決まりはありません。四十九日や一周忌などの法要の時期までに購入すればよいでしょう。
　仏壇を新しく購入した場合は、安置したご本尊や位牌に対して「開眼供養（開眼法要・魂入れなどともいう）」を行います。仏壇開きの意味もあるので、必ず行うようにしましょう。
　開眼法要は僧侶を招いて自宅で行うか、菩提寺にご本尊や位牌を持っていって読経してもらってから仏壇に安置します。まずは菩提寺に相談してみましょう。

■ 仏具などの祀り方は宗派によって異なる

　仏壇を安置する場所、仏壇の中に祀るご本尊や仏具は宗派によって異なるので、菩提寺に確認してみましょう。

■ 仏壇の種類も多様化、増えてきたミニ仏壇

　都会では住宅事情もあり、仏壇を置く家庭が少なくなっています。そこで、増えてきたのがコンパクトなミニ仏壇です。これは、どこでもちょっとしたスペースがあれば置けるのが最大の特徴です。高さ30cm程度のものもあり、値段も１万円台からと手頃です。

■ 古い仏壇はどうしたらいい？

　仏壇を買い替えた場合、古い仏壇は仏具店に引き取ってもらえる場合もあるので、前もって問い合わせてみましょう。
　仏壇そのものは単なる箱ですから、ご本尊や位牌を新しい仏壇に安置すれば、古い仏壇は不要になります。とはいえ、開眼供養によって魂を宿らせたご本尊や位牌を安置していた場所ですから、菩提寺に相談して古い仏壇の「閉眼供養」をお願いすることも多いようです。

位牌と戒名、墓地の知識

戒名とは死後の名前ではありません。仏教において、仏門に入った証しとして与えられる名前です。したがって、本来は生きているときに授かるものといえます。最近では、生前に戒名をいただくケースも増えています。

■ 白木の位牌は四十九日まで

　葬儀の際は、白木の位牌に戒名を書いて祭壇に飾りますが、これは四十九日の法要が終わるまでの仮の位牌です。四十九日の法要時に、白木の位牌から本位牌に魂を移し、以後は本位牌を用いて供養を行います。四十九日の法要が終わると、白木の位牌は菩提寺に納めるか、仏壇店にお焚き上げを依頼します。

■ 戒名にはさまざまな形式がある

　一般的には院号、道号、位号がついたものを戒名と呼んでいますが、戒名とはもともと仏弟子になったことを表す名前で、身分に関係なく2文字です。そこで、最近では戒名本来の2文字を「法号」あるいは「法名」と呼んで区別しています。院号は信仰の深かった人や菩提寺へ尽力した人、社会貢献度の高かった人につけられます。道号は仏教を究めた者に与えられた称号で、生前の雅号や別名が用いられることもありました。現在でも、生前の雰囲気を伝えるような、趣味・性格・地名などにちなんだ文字が組み入れられることが多くなっています。位号は性別や長幼を示すと同時に、院号と同じように故人の信仰の深さを尊んで位をつけるものです。
　なお、戒名の形式は宗派によって異なります。

戒名の構成（男性の場合）

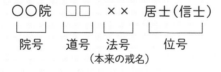

○○院　□□　××　居士（信士）
　院号　道号　法号　　位号
　　　　　（本来の戒名）

宗派によって戒名のつけ方はさまざま。浄土真宗の場合、戒律がないため戒名ではなく、法名と呼ばれ、日蓮宗では法号と呼ばれます。

■ 墓地・お墓にもいろいろな種類がある

　遺骨はしばらくの間は自宅の祭壇か仏壇に安置しておきますが、その後、お墓に納めるのが一般的です。これを「納骨」といい、四十九日の法要後か一周忌に行うことが多いようです。お墓は墓地に建立しますが、墓地には公営墓地、寺院墓地、民営墓地があります。また、お墓には家墓、個人墓、夫婦墓、両家墓、合葬墓などがあります。

法要の基本

　法要（追善供養ともいう）は、この世に残された者が仏を供養することで、故人があの世でよい報いを受けて幸せになるようにとの願いを込めて行う儀式です。葬儀後の法要には次のようなものがあります。

初七日忌 〈死後7日目、葬儀当日に行うことも多い〉

死後7日後に行うのが正式ですが、葬儀・告別式当日に行うことも。以後、二七日忌・三七日忌・四七日忌・五七日忌・六七日忌と、7日ごとに法要を行いますが、省くこともあります。

本位牌の手配
仏壇の手配

七七日忌（四十九日）〈死後49日目〉 この法要をもって忌明けとなります。

百か日忌〈死後100日目〉

一周忌〈死後1年目〉

三回忌〈死後2年目〉

七回忌〈死後6年目〉

十三回忌〈死後12年目〉

法要の基礎知識①

◆ 日々の供養

　主だった法要だけでなく、仏壇に灯明を灯してお線香をあげて手を合わせるだけでもよいので、日々の供養も行いたいものです。

◆ 祥月命日

　故人が亡くなった日と同月同日のこと。毎月の亡くなった日を月命日といいます。

◆ 法要は早く行う分にはかまわない

　法要は故人が亡くなった日を起点として行いますが、その日が平日などで参会してもらうのが難しい場合は変更してもかまいません。ただし、命日より後回しにはせずに、命日前の休日などに繰り上げて行います。

十七回忌〈死後16年目〉

二十三回忌〈死後22年目〉

二十七回忌〈死後26年目〉

三十三回忌〈死後32年目〉

以後、三十七回忌、五十回忌、百回忌
があるが、
一般にはここで終わることが多い

法要の基礎知識 ②

◆ 一周忌・三回忌

　一周忌は故人が亡くなってから1年目に行う法要、三回忌は故人が亡くなって2年目に行う法要で、親戚や友人、知人を招いて執り行うのが一般的。七回忌以降は家族や故人と深い関わりのある身内だけで行うか、省略することもあります。

◆ お盆

　お盆は1年に一度、死者の霊魂が現世に舞い戻って家族の元を訪れると伝えられています。故人が亡くなってから初めて迎えるお盆を「新盆」または「初盆」といい、特に手厚く供養します。

◆ お彼岸

　春分の日と秋分の日を中日（ちゅうにち）とし、前後3日間、合計1週間ずつの期間をいいます。春分・秋分の日は、太陽が真東から昇り、真西へ沈んでいく日で、此岸（私たちが生きる世界）と彼岸（極楽浄土）が通じやすいと考えられていました。そこで、御仏のおられる彼岸を思って読経したり精進潔斎をしようというのが、お彼岸の本来の意味です。故人が亡くなってから初めてのお彼岸には、僧侶を招いて読経してもらったり親族や親しい友人たちを招いて墓参り・会食をする場合もあります。年2回のお彼岸は墓参りをして故人をしのぶ機会としたいものです。

キリスト教の追悼式

　カトリックの場合は、一般に30日目に親戚や友人の参列のもと追悼ミサを行います。以後の決まりは特にありませんが、1年ごとに追悼ミサを行ったり、10年目や20年目の区切りの年に盛大なミサを行うこともあります。

　プロテスタントの場合は、1か月後に記念式を行います。カトリックと同様、その後の決まりは特にありませんが、1年目、3年目、7年目に教会で追悼の記念式を開くこともあります。

遺言を残すときには

　亡くなった後の財産の分け方について希望がある場合には、それを実現するための遺言書を書いておきましょう。遺言書には、「自筆証書遺言」「公正証書遺言」「秘密証書遺言」の3種類があります。なお、このほかに「特別方式」による遺言として、一般危急時遺言、伝染病隔離者遺言、在船者遺言、船舶遭難者遺言があります。

■ 遺言書には3種類ある

① 自筆証書遺言

作り方のプロセス

遺言者が遺言書の全文・日付・氏名を自書して押印する

亡くなったときに発見されやすいところに保管しておくか、法務局に保管申請をして預ける方法もある

ポイント

筆記用具に決まりはありませんが、パソコンで作成したり、他人に代筆してもらったものは無効。日付、氏名、押印が必要です。2020年7月から、「自筆証書遺言」は自宅で保管する以外に法務局の「遺言書保管所」に保管申請をして預けることもできます。その際、法務局では遺言書の方式が正しいかどうかチェックしてくれます（内容についての審理はない）。法務局に預けた自筆証書遺言は検認（家庭裁判所で開封すること）が不要。自宅で保管したものは検認が必要。検認を受けたからといって遺言の内容が法的に認められるわけではなく、必要な方式を満たしていなければ、検認を受けても無効となります。

メリット

● 手軽に作成でき、変更も手軽にできます。
● 費用がかかりません。

デメリット

● 方式を満たしていない場合は、無効になってしまう恐れがあります。

注意すること

日付は「〇歳の誕生日」などの年月日まで特定できれば有効ですが、「令和〇年〇月吉日」などの特定できないものは無効になるので注意が必要です。また、訂正する場合は訂正箇所に押印して欄外に「〇行目の〇文字を訂正、〇字加入」などと記入して署名しましょう。訂正方法がやや複雑なので、間違えた場合には全体を書き直すほうが無難です。自筆証書遺言は封筒に入れて封印する必要はありません（この点が秘密証書遺言と異なる）。しかし、封筒に入れて封印するのが一般的です。その場合には「遺言書」と表書きしておくとよいでしょう。また、封筒には氏名を記載しておくのが一般的です（これらは要件ではない）。

② 公正証書遺言

作り方のプロセス

公証人が遺言者の遺言内容を口述筆記する

遺言者と証人（2人以上必要）に読み聞かせ、または閲覧させる

筆記が正確なことを確認して遺言者と証人、公証人が署名・押印する

原本は遺言者が死亡するまで公証役場に保管され、正本と謄本は遺言者に渡される

ポイント

遺言者の口述に基づいて公証人が遺言書を作成するので、確実に作成・保存できる方法。遺言者が公証役場に行けない場合は、自宅や病院に出張してもらって作成することもできます。遺言者が口述でき、聴力があることが前提ですが、聴覚や発話に障害がある場合は通訳を利用する特則があります（出張料が別途必要）。公正証書遺言では、家庭裁判所の検認の必要がありません。

メリット

● 紛失しても再交付されます。
● 方式の不備で無効になることありません。

デメリット

● 証人を頼むわずらわしさがあります。
● 費用がかかります。
● 手軽に変更できません。

注意すること

公証人の手数料は財産価格（時価）によって異なり、財産価格が高くなるほど手数料も高くなります。

③ 秘密証書遺言

作り方のプロセス

遺言者が自分で遺言書を書いて署名・押印し、遺言書に押印した印鑑で封印する

証人2人以上の立ち会いのもとで公証人に提出し、自分の遺言書である旨と住所・氏名を申述する

公証人が提出日と申述を封紙に記載した後、公証人・遺言者・証人が署名・押印する

遺言書は遺言者が持ち帰る

ポイント

遺言の存在自体は明らかにしながら、内容は秘密にして遺言書を作成する方法。秘密証書遺言が執行されるためには、家庭裁判所の検認が必要です。

メリット

● 遺言書の存在を明らかにできます。
● 遺言書の内容は秘密にできます。

デメリット

● 証人を頼むわずらわしさがあります。
● 費用がかかります。
● 手軽に変更できません。
● 方式を満たしていないと無効になります。

注意すること

自筆証書遺言と同様、方式を満たしていないと無効になるので注意して書くこと。ただし、自筆証書遺言の方式を具備していれば自筆証書遺言として効力があります。

自筆証書遺言の書き方

　遺言がないと法定相続人が法定相続分に従って遺産を相続しますが、遺言があれば遺言の内容どおりに分割することが優先されます。その遺言を書面にしたものが遺言書です。遺言書にはどのような内容を書いてもかまいませんが、法的に効力をもつのは財産と相続に関することを中心に法律に規定されていることだけです。自分で遺言書を書く場合は、方式の不備で無効になることがないようにしましょう。

● 遺産分割の方法を指定する遺言文の例

遺言では、相続人の誰にどの遺産を取得させるかという遺産分割の方法を指定することができます。ただし、遺留分を侵害するときは遺留分侵害額請求の対象となります。

日付が特定できなければいけません。

住所や生年月日は書かなくてもかまいません。

実印でなくてもかまいませんが、実印が無難。判例は指印をもって足りるとしていますが、押印が無難です。なお、判例は「花押」による遺言は無効としています。

床面積　1階　76.18 平方メートル　2階　74.52 平方メートル

2　長男田中健には次の預金を相続させる。
　〇〇銀行〇〇支店の遺言者名義の普通預金
　及び定期預金の全部

3　長女田中洋子にはその他の全部の財産を相続させる。

〇〇〇〇年〇月〇日

田中三郎　㊞

注意したいこと

- 保存に耐える用紙を使い、万年筆・ボールペンなどの消えにくい筆記用具で書きましょう。消せるボールペンなどはNGです。
- パソコンなどでは絶対に作成しないでください。ただし、相続法の改正により、パソコンなどで財産目録を別に作成して本文に添付することが可能になりました。その場合には、財産目録のすべての用紙に署名押印します（記載が両面にある場合は両面に署名押印）。各用紙の間に契印は不要です。
- 代筆は無効です。絶対に他の人に頼んではいけません。
- 記述する内容は具体的に書きましょう。
　例：不動産を特定の相続人に与える場合、宅地、家屋の別や地番・面積まで書きます。
　例：ペットに財産を残したい場合は、相続人や知人にそのペットの世話を条件に財産を譲るという内容にします。

遺言書は安全に保管・管理する

　自筆証書遺言、公正証書遺言、秘密証書遺言のどの場合でも、死後すみやかに発見されなければ意味はありません。それまでの間、安全に保管・管理するには、銀行の貸金庫に預けておくか、金融機関の遺言信託（66ページ参照）を利用するのもよいでしょう。貸金庫に預ける場合は、その旨を家族の誰かに知らせておきます。もちろん、配偶者や子ども、友人、知人で信頼できる人がいれば、その人に託してもかまいません。弁護士を遺言執行者に指定して遺言書を預けておくと万全です。

自筆証書遺言は封筒に入れて封印する必要はありません。しかし、封筒に入れて封印するのが一般的です（86ページ参照）。

遺言書

1 妻田中順子には次の財産を相続させる。
東京都杉並区高井戸一丁目一番地一　所在
宅地　174.17平方メートル
同所　一番地一所在
家屋番号　一〇〇番一
居宅　木造スレート葺2階建

タイトル（遺言書）や前文はなくてもかまいませんが、タイトルは記載したほうが明確です。

自筆証書遺言の場合、全文を自書します。一方、秘密証書遺言の場合、本文はパソコンなどで書いてもかまいません。証書には署名・押印があればよく、作成日の記載も不要です。これは公証人が封紙を作成するためです。ただし、方式を満たしていないと無効になるため、この場合も自筆証書遺言の方式を満たしたほうが無難です。

遺言書の取り消しや変更はいつでもできる

　遺言書を作ってから、自分を取り巻く環境が変化し、遺言内容を取り消したり変更したりしたい場合も生じます。そのようなときは、いつでも遺言内容の取り消しや変更ができます。その方法は、新しく有効な遺言書を作成することです。内容が異なる部分については、遺言は常に新しいものが有効となるのです。このため、複数の遺言書が発見された場合は、最も日付の新しいものが有効となります。

自筆遺言書の文例

● 相続分を指定する遺言文の例

遺言では、相続人の法定相続分について遺留分を侵害しない範囲で変更することができます。たとえば、法定相続人が妻、長男、長女の3人である場合、法定相続分は妻が1/2、長男と長女がそれぞれ1/4ですが、これを変更できます。しかし、各相続人の遺留分である妻1/4、長男と長女のそれぞれ1/8は侵害できず、侵害するときは遺留分侵害額請求の対象となります。

各相続人の相続分を次のとおり指定する

長女三上えり子は 10 分の 2

長男三上 聡 は 10 分の 2

妻 三上優子は 10 分の 6

〇〇〇〇年〇月〇日

三上 仙太郎 ㊞

● 遺言によって認知する遺言文の例

遺言では、配偶者以外の女性との間に出生した子を認知できます。

遺言者は、遺言者と斉藤良子との間の子である次の者を認知する。

本籍 愛知県名古屋市千種区星ケ丘 1−2−3

戸籍筆頭者 斉藤 良子

女 斉藤 恵子 （平成〇年〇月〇日生）

〇〇〇〇年〇月〇日

近藤 弘 ㊞

● 遺言執行者を指定する遺言文の例

遺言では、遺言執行者を指定できます。

遺言執行者として次の者を指定する。

東京都 渋谷区渋谷 4−5−6

弁護士 佐藤 勇 （平成〇年〇月〇日生）

〇〇〇〇年〇月〇日

田中 二郎 ㊞

● 相続人以外の者に対する
特定遺贈の遺言文の例

遺言では、相続人以外の者（法人でもよい）に対して特定の遺産を与えることができます。

1 姪の原英子に 次の財産を遺贈する。

栃木県那須塩原市大字○○字○○1234番地所在

山林　　500平方メートル

2 妹の武井道子に次の財産を遺贈する。

○○銀行○○支店の遺言者名義の普通預金及び定期預金の全部

○○○○年 ○月 ○日

山中 進一 ㊞

● 相続人以外の者に対する
包括遺贈の遺言文の例

遺言では、相続人以外の者（法人でもよい）に対して遺産の全部または一定割合を与えることができます。その場合、包括受遺者は相続人と似たような立場となります。

※包括受遺者とは、遺産を特定せず割合を指定されて財産分与を受ける人のこと。相続人と同じ権利義務を担う。マイナス財産（債務など）も相続するため、放棄や限定承認する機会が与えられている。

遺言者は、全財産の2分の1を内妻である 鈴木花子に遺贈する。

○○○○年 ○月 ○日

山田一郎 ㊞

いただいたものの記録

要 件	誰から	いただいた日	いただいたもの・金額

要 件	誰から	いただいた日	いただいたもの・金額

さしあげたものの記録

要 件	誰に	さしあげた日	さしあげたもの・金額

要 件	誰に	さしあげた日	さしあげたもの・金額

北河隆之（弁護士）

きたがわ・たかゆき　メトロポリタン法律事務所所長、琉球大学名誉教授。専門は不動産法、損害賠償、倒産を中心とする民事事件。著書に『交通事故損害賠償法〔第2版〕』（弘文社）、『損害賠償の法務知識』（中央経済社）、『民事再生法の解説　個人再生手続』（一橋出版）などがある。

松下明夫（税理士）

まつした・あきお　昭和48年一橋大学社会学部卒業。損害保険会社（現損保ジャパン）、本郷会計事務所勤務後、平成7年に税理士事務所開業。税理士業のかたわら、NPO法人SOS総合相談グループの相談業務に従事。

デザイン（新装）	福澤知子（DISH）
構成	鮎川京子
監修	北河隆之（弁護士）、松下明夫（税理士）
校正	泉　敏子
協力	置鮎抱水
編集	佐藤真由美

私のエンディングノート 新装版

2021年8月16日　1刷発行

編　者	主婦と生活社
編集人	束田卓郎
発行人	倉次辰男
発行所	株式会社 主婦と生活社
	〒104-8357　東京都中央区京橋3−5−7
	TEL.03-3563-5129（編集部）
	TEL.03-3563-5121（販売部）
	TEL.03-3563-5125（生産部）
	https://www.shufu.co.jp/
製版所	東京カラーフォト・プロセス株式会社
印刷・製本	大日本印刷株式会社